VENTE DU SAMEDI 22 AVRIL 1893

HOTEL DROUOT, SALLE N° 10

PAR SUITE DU DÉPART DE M. C...

MEUBLES ANCIENS

BOIS SCULPTÉS

BIJOUX, ARGENTERIE, BRONZES

TABLEAUX

Broderies, Damas

EXPOSITION PUBLIQUE

LE VENDREDI 21 AVRIL 1893

COMMISSAIRE-PRISEUR

Mᵉ Paul FOURNIER

3, boulevard de Sébastopol, 3

EXPERT

M. Charles MANNHEIM

7, rue Saint-Georges, 7

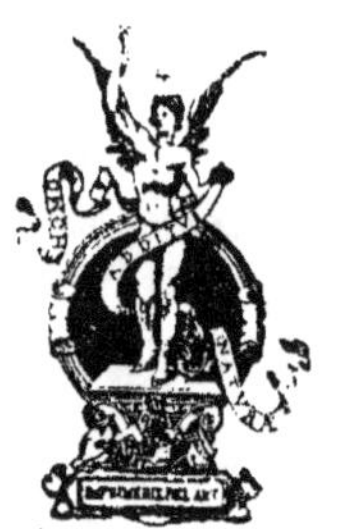

CATALOGUE

DE

MEUBLES ANCIENS

EN BOIS SCULPTÉ

GRAND BUFFET, BIBLIOTHÈQUE, HORLOGE A GAINE

CHEMINÉE

CONSOLE, TRUMEAUX, PORTE, SIÈGES, ETC.

Bureaux et Toilette en marqueterie

BRONZES D'ART ET D'AMEUBLEMENT

BIJOUX, ARGENTERIE

TABLEAUX, TOILES DÉCORATIVES, PETIT PLAFOND, CADRES

BELLE PORTIÈRE EN BRODERIE SOIE ET ARGENT

Vieux damas, lampas

DONT LA VENTE AURA LIEU

Après départ de M. C.

HOTEL DROUOT, SALLE N° 10

Le Samedi 22 Avril 1893, à 2 heures 1/2

COMMISSAIRE-PRISEUR	EXPERT
Mᵉ PAUL FOURNIER	**M. CHARLES MANNHEIM**
3, boulevard de Sébastopol, 3	7, rue Saint-Georges, 7

EXPOSITION PUBLIQUE

Le Vendredi 21 Avril 1893, de 1 heure 1/2 à 5 heures 1/2

CONDITIONS DE LA VENTE

Elle sera faite au comptant.

Les Acquéreurs payeront CINQ POUR CENT en sus des adjudications, applicables au frais de la vente.

L'exposition mettant le public à même de se rendre compte de l'état des objets, il ne sera admis aucune réclamation une fois l'adjudication prononcée.

Paris. — Imp. de l'Art. E. MÉNARD et Cie, 41, rue de la Victoire

DÉSIGNATION DES OBJETS

BIJOUX, ARGENTERIE

1 — Paire de boutons d'oreilles solitaires.

2 — Paire de boucles d'oreilles rondes, en brillants.

3 — Broche flèche en or avec brillants et roses.

4 — Bague, perles et brillants.

5 — Bague avec cinq brillants.

6 — Bague, perle fine entourée de brillants.

7 — Éventail en écaille brune enrichi de roses, avec peinture sur parchemin. Signée A. Greux.

8 — Ancien gobelet allemand, orné au pourtour de pièces de monnaies.

9 — Vidrecome couvert, à pied, en argent repoussé, entièrement couvert d'ornements dans le style Renaissance.

10 — Sucrier ovale et godronné, à deux anses, en argent du XVIIIᵉ siècle; le couvercle est surmonté d'une graine.

11 — Gobelet obconique en argent gravé à figures et ornements portant les initiales et la date *1662*.

12 — Cuillère à ragoût en argent à filets et médaillon. Époque Louis XVI.

13 — Grande cafetière piriforme et côtelée à armoiries, godrons et rocailles; elle est supportée par trois pieds à volutes.

14-15 — Deux plats à contours moulurés. Louis XV.

16 à 18 — Trois autres, en trois dimensions.

19 — Boîte à poudre, couverte et côtelée, en argent gravé à lambrequin d'entrelacs et d'ornements Louis XIV.

20 — Théière Louis XIV, piriforme et à pans, décorée d'ornements gravés et de cannelures en saillie sur amati ; le goulot se termine par une tête chimérique.

21 — Moutardier forme baril en cristal, avec monture ancienne en argent.

22 — Tabatière ancienne de forme contournée en argent gravé et doré.

23 — Aiguière, en casque, en cuivre argenté, à armoiries gravées. Époque Louis XIV.

24 — Autre aiguière de même forme et de même époque.

BRONZES

25 — Beau cartel de forme contournée en bronze ciselé et doré, de la fin du règne de Louis XV ; élégant modèle à têtes de jeunes filles sur gaines, à rinceaux feuillagés et

cordons de piastres ; il est surmonté d'un vase à guirlandes. Le cadran porte le nom de *Lepaute, horloger
du Roy*.

26 — Buste de jeune homme, drapé à l'antique, en bronze
patiné, fondu en cire perdue, signé *F. Righetti Romae 1791*.
Socle à pans en bois doré.

27 — Statuette en bronze : Annibal foulant aux pieds l'aigle
romaine ; patine brune. xviie siècle.

28 — Deux vases à piédouches, en marbre rouge campan
avec anses, culot et ornements en bronze doré de style
Louis XV ; ils sont surmontés de bouquets de fleurs
variées en bronze doré datant du xviiie siècle.

29 — Deux chenets en bronze doré, Louis XIV: Enfants à
califourchon sur sphinx en regard, couchés sur des bases
à guirlandes et élevées sur plinthes rectangulaires.

30 — Paire d'appliques à deux lumières chacune du temps
de la Régence, les lumières supportées par des têtes de
dauphins.

31 — Deux flambeaux, bouts de table, à deux lumières
chacune, de l'époqueLouis XV, d'un dessin mouvementé,
en cuivre argenté.

32 — Petite pendule de forme rocaille en bronze doré, surmontée d'une figurine d'enfant et ornée sous le cadran
d'attributs champêtres.

*

TABLEAUX, OBJETS VARIÉS

33 — Petit plafond de boudoir, de forme ovale et représentant des amours planant dans les nues. Peinture attribuée à *Tiepolo*.

34 — Bacchante et Satyre, peinture attribuée à *Paris Bordone*, dans un cadre en bois sculpté et doré du temps de Louis XIV.

35 —· Portrait d'un architecte du temps de Louis XVI, dans la manière de *Greuze ;* cadre ovale à rubans et cordon de piastres.

36 — Quatre panneaux décoratifs de l'époque Louis XV, vases de fleurs, paysages et motifs d'architecture. .

37 — Portrait en pied de Louis XV jeune, de l'école des *Van Loo*, dans un cadre ancien en bois sculpté et doré, richement orné.

38 — Bivouac de maraudeurs, petit tableau composé d'une dizaine de personnages finement peints, attribué à *Dietrich*.

39 — Un Marché. Signé *A. Fauvel.*

40 — Raffinerie près de Vienne. Signé *Ch. Delacroix.*

41 — Deux statuettes de jeunes filles, terre cuite de la fin du XVIIIᵉ siècle.

42 — Quatre assiettes en ancienne faïence de Marseille, à bouquets et branches détachées, polychromes.

43 — Deux pièces : petit pot à bord évasé, en faïence de Strasbourg (marque de Hanong), et un présentoir en faïence de Marseille.

44 — Lot de livres anciens et de parchemins, guide d'Amsterdam en 1753, etc.

MEUBLES

45 — Beau meuble-scriban du XVIIIe siècle, décoré sur toutes ses faces de marqueteries de bois variés, de nacre et d'ivoire gravés, de cuivre et d'étain. Le corps supérieur, à corniche contournée, ouvre à deux battants ornés d'importantes compositions, figures allégoriques et motifs d'architecture et découvrant un cabinet dont les tiroirs offrent des scènes d'animaux tirées des fables de La Fontaine. Le milieu du meuble forme bureau, à l'aide d'un abattant. Le bas est pourvu de tiroirs superposés.

46 — Petit bureau à abattant et tiroirs du temps de Louis XV, en bois rose et bois violette, avec filets marquetés, pieds contournés, et casier supérieur à tiroirs et coulisseau ; dessus bordé d'une galerie de cuivre.

47 — Toilette Pompadour en bois rose et marqueterie à damier ; le dessus est formé de trois vantaux recouvrant des casiers intérieurs ; elle est garnie de cuivres.

48 -- Grand buffet à deux corps en chêne sculpté d'une
grande richesse d'ornementation rocaille ; le corps infé-
rieur ouvre à quatre portes pleines, les deux du milieu en
ressaut ; la partie supérieure, à corniche contournée,
ouvre aussi à quatre portes, mais celles-ci sont vitrées.

49 — Belle bibliothèque en bois de chêne sculpté, Louis XV,
ouvrant à deux portes vitrées dans leur partie supérieure ;
les montants du meuble, en chanfrein, sont décorés de
sculptures en haut-relief.

50 — Petit meuble Régence, ventru, en chêne sculpté d'une
élégante ornementation et ouvrant à une seule porte pleine.
Il repose sur griffes de lion. Tablette en marbre fleur de
pêcher.

51 — Grande table en bois sculpté, style Henri II, supportée
par deux pieds dits en éventail, à consoles, guirlandes et
mascarons.

52 — Grande horloge du xviiie siècle à gaine en chêne
sculpté et relevé de dorure ; elle est surmontée d'une
figurine du Temps, en bronze.

53 — Cheminée en noyer sculpté du temps de Louis XV, de
jolie forme et offrant des coquilles, des rocailles, des
marguerites, des branches de laurier et des ornements
variés, rehaussés de dorure.

54-55 — Deux coffres rectangulaires du temps de Louis XIII,
en bois sculpté, à armoiries, mascarons, caissons à ro-
saces, frises à coquilles, etc.

56 — Console d'encoignure Régence, en chêne sculpté à coquilles, entrelacs et têtes d'oiseaux.

57 — Console à tiroir et quatre pieds en noyer sculpté de l'époque Louis XV, avec dessus en marbre.

58 — Quatre statuettes d'Amours, en bois de noyer.

59 — Trois guirlandes et trois chutes en bois sculpté et doré, du temps de Louis XVI.

60 — Gaine quadrangulaire et à moulures en noyer.

61 — Comptoir en noyer sculpté et partiellement doré.

62 — Deux consoles allant avec le comptoir qui précède et dessus de marbre.

63 — Porte d'appartement en bois sculpté et doré à un seul battant, dans un chambranle cintré avec couronnement à ornementation Louis XV.

64 — Armoire à deux corps en noyer sculpté à portes pleines avec ferrures. Travail alsacien de 1776.

65 — Trumeau de cheminée du temps de Louis XV sculpté, peint et doré, surmonté d'une peinture représentant une allégorie de l'Hiver dans le goût de Boucher.

66 — Trumeau de cheminée du temps de Louis XV à ornements sculptés et dorés, avec peinture, dans la partie supérieure, représentant une scène de la comédie italienne, dans le goût de Lancret.

67 — Deux encadrements de glaces en chêne sculpté du temps de Louis XV.

68 — Cadre ancien en buis sculpté avec sa vieille dorure.

69 — Cadre Louis XVI à perles et rais de cœur.

70 — Petit cadre à coins ornés.

71 — Lot de baguettes Louis XV.

72 — Chaise longue de style Louis XV, en noyer sculpté, de forme contournée et d'une charmante ornementation composée de rocailles, de fleurettes et de rinceaux mouvementés ; elle est foncée de canne dorée.

73 — Sept sièges : petit canapé forme gondole et six fauteuils du temps de Louis XV en bois sculpté et peint blanc.

74 — Deux tabourets X en bois sculpté et doré de l'époque Louis XV, de forme gracieuse et d'une ornementation à motifs de rocailles, fleurettes et rinceaux contournés.

75 — Deux bois de fauteuils du temps de Louis XVI blanc et or à perles et rais de cœur ; pieds cannelés à tigettes.

76 — Deux tabourets de pieds à perles et rais de cœur.

77 — Six fauteuils de l'époque de la Régence en bois sculpté à rinceaux et feuillages ; ils sont garnis de canne.

78 — Deux chaises du temps de Louis XIV à coquilles et feuilles sculptées, elles sont foncées de canne. Pieds à croisillons.

BRODERIE, ETOFFES

79 — Belle portière portugaise, brodée en plein de soies multicolores et d'argent : semé régulier de fleurons et de feuillages en un riche encadrement composé de trois bandes ornementales. Pièce très décorative et dans un parfait état de conservation. — Dimensions environ : Haut., 3 m. 50 cent. ; larg , 2 m. 50 cent.

80 — Couvre-lit, lambrequin et deux coussins en lampas Louis XVI, à médaillons, figures mythologiques, amours, fleurs et ornements, brochés blanc sur fond bleu de ciel. Glands et passementerie du temps.

81 — Garniture de lit en damas rouge du temps de Louis XIV, composée de lambrequins, bonnes grâces, rideaux et d'un couvre-lit en même étoffe avec applications.

82 — Quatre rideaux de croisées en damas rouge Louis XIV.

83 — Tapis de table en drap brodé avec applications de velours et de soie. Style Louis XIV.